कहीं बहुत दूर से सुन रहा हूँ

कहीं बहुत दूर से सुन रहा हूँ

शमशेर बहादुर सिंह

राधाकृष्ण प्रकाशन

ISBN : 978-81-7119-189-5

कहीं बहुत दूर से सुन रहा हूँ

पहला संस्करण : 1995

This book is printed on **Print on Demand** Technology : 2024

मूल्य : ₹395

प्रकाशक

राधाकृष्ण प्रकाशन प्राइवेट लिमिटेड

जी-17, जगतपुरी, दिल्ली-110 051

शाखाएँ : अशोक राजपथ, साइंस कॉलेज के सामने, पटना-800 006

पहली मंज़िल, दरबारी बिल्डिंग, महात्मा गांधी मार्ग, प्रयागराज-211 001

1, अनमोल सोराबजी संतुक लेन, धोबी तलाव, मरीन लाइंस, मुम्बई-400 002

वेबसाइट : www.radhakrishnaprakashan.com

ई-मेल : info@radhakrishnaprakashan.com

KAHEEN BAHUT DOOR SE SUN RAHA HOON

Poetry by Shamsher Bahadur Singh

जय के लिए

— शमशेर

जो नहीं है
जैसे कि 'शमशेर'
उसका ग़म क्या
वह नहीं है

महुआ जैसे टपकता है जंगल में चुपचाप, उसके नीचे से या पास से गुज़रते हुए उस टपकने की लय, ध्वनि, गति, मादकता हमारे भीतर उतरने लगती है, उतरती चलती है · · · तब मिलता है महुए का पूरा स्वाद! ठीक ऐसे ही जब उतरती है चुपचाप शमशेर जी की कविता हमारे भीतर, तब वह भीतर तक उतरती है, उतरती चली जाती है।

शमशेर जी की अनुपस्थिति में यह उनका पहला काव्य-संग्रह प्रकाशित हो रहा है। भूमिका ज़रूरी है भी, और नहीं भी। मेरा विचार था कि भूमिका लम्बी दूँ—उस तरह से लिखी भी! पर अब लगता है कि आवेगों और प्रतिक्रियाओं के लिए यह स्थान ठीक नहीं।

शमशेर जी के पिछले संग्रह की तरह ही इस संग्रह के चयन, सम्पादन, नामकरण आदि की ज़िम्मेदारी मेरी है। आगे भी रहेगी। इसका शीर्षक 'कहीं बहुत दूर से सुन रहा हूँ' उनकी सतत उपस्थिति के अहसास का संकेत भी देता है।

इस संग्रह में 1992 की लिखी उनकी अन्तिम कविता भी शामिल है। शमशेर जी काल से होड़ लेते हुए भी, कई बार एकदम हताश हो जाने पर भी रचनात्मकता के प्रति निपट उदासीन नहीं हुए। जीवन के अंतिम दिनों तक भी उनकी आँखों में [illegible]ता बाल-सुलभ कौतूहल तनिक भी धुँधला नहीं हुआ था। डूबती सिन्दूरी शाम, चाँदनी रातें और सुबह के कच्चे प्रकाश में मयूर-कला के सौन्दर्य और शान को अपनी पूरी चेतना से ग्रहण करते वे अघाते नहीं थे! विदा भी हुए तो कवि की तरह! "ब्रह्ममुहूर्त में · · · गेंदे के फूलों के बीच · · ·!"

मृत्यु को अपने जीवन-काल में बहुत बार करीब से छू · · · लगभग छू लेनेवाले इस कवि की विदा, उनके साथ लगातार रहते हुए और उनकी कविताओं को बार-बार पढ़ने पर एक नया पहलू मेरे सामने आया! अचर्चित-सा, इसीलिए नया-सा। शमशेर जी भीतर से गहरे तक कहीं आध्यात्मिक थे। सम्पूर्ण रचना-रूप भी अन्दर-बाहर से ऐसा ही था! आज तक मार्क्सवाद और रूपवाद की लड़ाई में उनकी असली कविता मानों हमारे हाथों

से फिसल गयी। इस संग्रह के बहाने शायद इस पहलू पर भी विचार होगा, ऐसा मेरा विश्वास है।

इस संग्रह को तैयार करते हुए मुझे कई सहृदयों का सहयोग मिला है! डॉ. जय श्रीवास्तव की मूल्यवान दृष्टि तथा मार्गदर्शन के अभाव में इस पुस्तक का इतने सुथरे रूप में आ पाना संभव नहीं था। नत-मस्तक हूँ। इनके साथ ही डॉ. भोलाभाई पटेल की सक्रिय उपस्थिति और मार्गदर्शन मेरे लिए सदैव मूल्यवान रहा है। मै कृतज्ञ हूँ। अपने मित्र श्री सादिक़ नूर पठान की अभारी हूँ, जिन्होंने उर्दू का देवनागरी में लिप्यंतरण किया। फलस्वरूप कई कविताओं को संग्रह में शामिल कर सकी।

इसी काम में मेरी मदद डॉ. मुंशी तथा डॉ. चाँद बीबी शेख़ ने भी की। अपने इन सहयोगियों की मैं आभारी हूँ। मेरे ख़ैरख़्वाह मास्साब की भी आभारी हूँ। शमशेर जी की पांडुलिपि के मूल अक्षरों को समझने में उन्होंने मेरी सहायता की। एक तरह से वे लगातार इस काम में मेरे साथ रहे। श्री निशिकान्त ठकार जी की राय के लिए भी उनके प्रति कृतज्ञ हूँ।

मैं उन पत्रिकाओं के प्रति भी अपनी कृतज्ञता ज्ञापित करती हूँ, जहाँ इनमें से कुछ कविताएँ छपी हैं।

13.1.1994 **रंजना अरगड़े**

अनुक्रम

क्या हो गया बोलो

"विश्व का प्रमाण
एक
मेरा महाभाग्य
तुम्हें पाया अनायास
अंतकाल-सा महान्
मौन
एक
अपना"

क्या हो गया, बोलो !
आने से तुम्हारे मेरे जीनव में, यह
क्या हो गया :
सभी आर्ट, सभी सायंस,
विश्व-भर का मेल-जोल
एक रूप — एक भाव में खो गया !
आह, मेरे अपनेपन के साक्षी, आह !
मृत्यु के परे की मेरी जन्म-शक्ति,
आओ · ·
मेरे विश्व-संचित प्रिय,
गहन-तम
मेरी पूर्ण आत्मा को
और और और अधिक अपनाने आओ !

1938-39

मौन बह रहा है

मौन बह रहा है जीवन में —
कौन कह रहा है :

तू आता भी
क्यों
रुक-रुक जाता है
मन में

मौन बह रहा है जीवन में

कौन
कह रहा है
युग-युग से यह

बिना तुम्हारे
और तुम्हारे एक सहारे

कौन सह रहा है
जीवन में

सब कुछ
मानों वह सब कुछ भी नहीं कहीं
जीवन में कुछ भी :
मौन बह रहा है जीवन में

कौन कह रहा है
निःस्वन में · ·

1971, सा. हिंदुस्तान

कैसा इस मुहूर्त का

कैसा इस मुहूर्त का
स्पर्श रहा है मेरा धुकधुकी में
वक्ष
खनक उसकी साफ़ किस आवेग से
सिहरती चेतनाएँ
शक्ति अपनी
देखता हूँ
मूर्त्त क्षण का दिवस मेरा हो उठा

नहीं कुछ भी पूर्ण था जब तक,
उसे देखा था हृदय में
मात्र शान्त जड़ प्रतीक्षा थी
दृष्टि सम्पुट खुले, तो : मानो
प्रत्येक वस्तु
वधू बनकर आ रही
तनिक-सा संकल्प करते ही
नहीं कुछ भी है अकिंचन का कहीं
नहीं होना सहज ही आत्मीयता उसको विशाल
आवरण पर, स्वर्ण-अंकित कर
हृदय से बाँध ले
कौन जाने आत्मा किस की
खुले, तो खोल दे द्वार ··

1955-56

शोभा

यह भी होगी मूर्खता —
तुम्हें बनाना अपने प्रेम का सखा
सखा। अब।
चाहे तुम ही अब तक सब कुछ रहे,
रहे — तज रहे
अब क्या!

मैंने चाहे ढाल भी लिया हो तुमको सारे अपनेपन में,
तुम्हीं - तुम हो मेरे मन में; चाहे
तुम्हीं चारों ओर ध्वनि में,
तुमने मेरा जन्म भी चाहे रँग दिया, हाँ : —

फिर भी वह ग़लती जो तुम बने : मेरा भाग्य :
पहले तो न थे —
क्या मालूम! — ऐसे पहले मेरे जीवन में न थे : हाँ —
सत्य से : स्वप्न से : यानी सब कुछ : मेरे अंतिम
क्षितिज का
पता।

1938-39

नोट: इस 'शोभा' कविता तथा 'इतने पास अपने' की 'शोभा' शीर्षक कविता में उल्लेखित 'शोभा' अलग-अलग हैं।

रोशनी की लहर

रोशनी की लहर
                    आईना सजीव
दूर तक जिनमें खड़े हैं स्पष्ट
मौन चक्राकार ज़ीने
व्योम तक झिलमिल

मैं खुले आकाश के मस्तिष्क में हूँ
एक स्वर का मौन
जिसका अर्थ सागर
दूर   तक   है —
दूर   तक   है।

28-4-53

भावुक
[एक स्केच]

आँख मूँद लेता हूँ   जब-जब
आ जाती हो सम्मुख :
हँसुली पहने ;
पीले तन पर से खिसकाए आँचल,
(कितनी कोमल ढीली चाल !)
कोई परदेसी प्रियतम की मानो
रति हो ।
किसकी होगी मोहक स्मृति में
खोई-सी   तुम ?

ग्रीष्म-प्रात सी पीली सद्य उसकी
कोमल मुस्कानों को पाने
कितने प्रेमी हृदय उसी की ओर
भ्रमते पत्तों से उड़-उड़कर
लौट-लौट गिरते हैं ।

निशि दिन उसका मादक राग
मानव यौवन के आँगन में
उठता-उठता   उठता रहता ।
उसकी श्रांत सूनी पलकें
छिपी कामनाओं से अधिक सुर्मई
जलती रहतीं   जलती रहतीं ।

अंग-अंग में मर्दन
पीड़ाओं का   सुख-दुःख मिश्रित,
होता रहता   होता रहता।

उच्छ्वासों में हास तुम्हारा
तारों की छाया में छनकर
बादल की माया-सा खुलकर
उड़ता-उड़ता
किसके किसके जीवन के आँगन में
कोमल उड़ता रहता   उड़ता रहता।

रूप देवी

रूप देवी
तुहिन कोमलता
समेटे
प्राण

संध्या
चित्र
विभा-वैभव का
शांत

अमर
गीत
शुभ्रतम
आदिम

नक्षत्र
ओ महत्तम
मेरे स्वप्न की
सत्य सम्भावना

1955

मोड़

मोड़ हो जिस जा — कड़ा हो
(और भी जमकर खड़ा हो)
टूटने के क्षण
नग्न हो
सत्य में अपने

स्पष्ट
एक कोमलता कि है सौंदर्य ही केवल अमर
आवरण कर ले

ज्ञान गुन यह फेरता है क्या
सूत्र है तू स्वयं माला का
और फिर मुड़
घूम, चारों ओर देख, परस,
सत्य में अपने
नग्न
स्पष्ट ;

1943

लूट चुके तुम

लूट चुके तुम
मुझे
एक एक साँस
शून्य हुई-सी।
तुम्हीं बने भाव · · · की
गति।

मुझे
भूल से · · · वर
केवल अपनी
याद बनाकर
चले गये-से
क्यों?

दूर, वतन दूर
मेरा अब भी
कहीं —

झुका माथ

झुका माथ
किन चरणों में
उदास।
मौन स्नेह
शांत
करता जीवन।
नहीं
प्रेम प्रथम यह :
अंतिम-सा भ्रांत-क्लांत
वरण।
किंतु छुटेंगे नहीं
कभी
दो शरीर ;
रहेगा सदैव
रमण
उनका।
शिथिल दुःख-भार से दब ··· पिस ···
शिथिल दुःख-भार ···
मानो ,
जाता
इन्हीं युगल अंतर में
सुख विरल मौन बन
कहीं।

वह भी दिन एक था

वह भी दिन एक था
जब मैं धर वेश मौन दिवस का —
उठा था गम्भीर, मौन,
स्निग्ध, अरुण, उज्ज्वल।

किन्तु आज कलुष-गहन करुण भाल है मेरे
विनत वयस का।

1938

कन्या

सूरज जो
गुलाब बनने के सपने के
बीच से झाँक रहा था
वह अल्हड़पन कहाँ से लाता
वह प्यारा कन्या रूप

मोतियों के लिए मुमकिन है कि
वह सूरज बनकर दमक उठे
गुलाब की पँखुड़ियों को शरमा दे
अपनी चिकनाहट से
मगर वह कोमलता
जो किरण को घुला रही थी
धूप को पानी कर रही थी
जो हँस रही थी
वह देवी का गुड़िया रूप
जो आँख झपकाता था
और मक्खन-सी गहरी गुलाबी हथेलियों को
मुँडेर पर टिकाए हुए था
जहाँ उसके नन्हें पवित्र वक्ष
दीवार को कँपा रहे थे
और उसकी आँखों से फूल बरस रहे थे।

फिर
यों ही मुक्त अकारण हँसी हँसकर

वह सुकुमार स्वस्थ बाला
अन्दर चली गयी
ओट में।

12.4.59, इलाहाबाद

एक बिम्ब

तुम आयीं मानो

गुलाबी धूप

निकल आयी हो !

19.11.89

फ़र्श पर है सूर्य, जल में :
बादलों के बीच

फ़र्श पर है सूर्य,   जल में
बादलों के बीच

मेरा मीत
आँखों में नहाता

और यह रुत भी गयी है बीत
यूँ ही।

1983-84

एक लकीर जो

सुर्ख़ाब नहीं,   फाख़्ताई
हवा में तैरता हुआ पर
है

—एक बादल की लकीर :

जो बग़ल के कोमल रोओं-सी धुँधली
गुदगुदैली और
दुबकी हुई,   दुबकी हुई
मिट रही है

वह लकीर · · ·

हज़ारों लकीरों में एक वह।
मेरी धड़कन के होटों पर
काँप रही है · · · और
मिट रही है।

बाहों में , सीने पर ,
कितने आकाशों ने और क्षितिजों ने
आँखें मिलायी हैं
एक अमिट-से/   ध्यान में ?

एक पल

इन लाखों पलों में
वह
एक लकीर-सा।
एक धुँधला पल।

बादलो

ये हमारी तुम्हारी कहाँ की मुलाक़ात है, बादलो
कि तुम
दिल के करीऽब लाके, बिल्कुल ही
दिल से मिला के ही जैसे
अपने फाहा-से गाल
सेंकते जाते हो···।

आज कोई ज़ख़्म
इतना नाज़ुक नहीं
जितना यह वक़्त है
जिसमें हम तुम
सब रिस रहे हैं
चुप-चुप।

x x

धूप जब
तुम पर
छतों पर
और मेरे सीने पर··
डूबती जाती है
हल्की-हल्की
नश्तर-सी।

वह चमक।

30.9.48

सूर्योदय

वंदे गतिमय राग !

अरुण तेज शंखध्वनि स्वर
कम्पित कर नभ पूर्व —
विह्वल कर खग-बाल,
उत्तेजित कर कवि-उर-अधर,
खुली आज नव
ज्योति-शक्ति-असि-धार !

किंतु रश्मियाँ
प्राणमधुर संजीवन बन कोमलतम
ढुलमुल पड़ती हैं पलकों में
स्वप्नों को मृदु आँज !

चाँद डूबा

चाँद डूबा
आँख बनकर
दूर धरती की
बहुत ही नीची भवों में।

शहर सूना है !

मगर
बादलों के परेऽ
भारी हैं
कि जैसे सिलें !

बहुत रेतीला उदास
हृदय है !
घिर रहा है
अन्धकार !

जुलाई 1960, 'लहर'

गीत

कौन
रूप के तन खाए हो
रस मीन
नील गगन सर में रे रे
अति उज्जली वह मीन
रूप के तन खाए हो
रेख समान लहर स्वर
चमके
पल में लहर समाए हो

विकल है यूँ
कोई न
भाव बताए हो
बूझ बूझ समसेग

23.6.55

गीत

न मिलीं —
नज़रें : न मिलीं । नहीं ॥
नज़रें न मिलीं । नहीं ॥
हठ घूँघट का !

नहीं — नज़रें न मिलीं । नहीं ॥ ॥ 1 ॥

चमका ऽ कीं
गंगा की लहरें कहीं कहीं
न मिलीं ॥ 2 ॥

नहीं नज़रें न मिलीं ॥
हठ घूँघट का ॥

13.6.58

गीत

ए ऽ   ए ऽ   ए ऽ — कौन

मधुर छन्द बने?
मौन दिवस के, आज,
करुण छन्द बने?
आस-हास-हीन :
विरह-व्यथा-सने
बने मौन छन्द आज, करुण दिवस के।
हाय-हाय-मय — प्राण
श्वास-विधुर वितान
(कब तक, मन, रे!)
जीवन पर तने?

हाव-भाव-हीन
कवि के अनमने
बने मौन छन्द आज, करुण दिवस के!
ढुले-मुले अस्थिर स्वर :
(अंतिम क्षण मंथर)
भर अपनापन, रे,
गए बन सपने! —   कौन ···

सादर अज्ञेय के जन्मदिवस पर समर्पित

अज्ञेय — एय
तुम बड़े वो हो
[क्या कहा मैंने ?]
तुम बड़े कवि हो
[बड़े ध्येय !]

आधुनिक परिवेश में तुम
बूर्ज्वाजी का करुणतम व्यंग्य
बहुत प्यारा-सा

काव्य दक्षिण है तुम्हारे रूपकार ?
कथा वाम [वामा]
कथा जो है अकथनीय
गेय जो अज्ञेय
[खूब !]

ढल रहा है स्वर्ण निशि के पात्र में
मौन कवि का लोक है यह
प्रलय होती है यहाँ क्षण मात्र में
मूकतम आलोक ही है आत्मा को प्रेय
[हाँ]

x x x

हाथी दाँत के मीनार
पर चाँद का घोंसला

1958

●

जय की कविताएँ

जय की
कविताएँ
मुक्त

छन्द में
जैसे चन्द तम्बू
जो उत्तर दक्खिन उत्तर···/पूरब···
पश्चिम की
दिशा में/बस··· चले गये हैं
चले··· गए हैं
चाहे जिस दिशा से चाहे
जिस दिशा की ओर यानी —
चाहे जिस दिशा से चाहे जिस दिशा की ओर
चाहे जिस दिशा में

ये सिम्तें··· दिशाएँ ओर
जो हवा से घूमनेवाली चकरी के समान
ये दिशाएँ स्वयं स्वयं ये दिशाएँ

बादल के एक तरफ़ बर्फ़ की पन्नियों की
गोट दूसरी तरफ़ दूसरी तरफ़?
दूसरी तरफ़ हम हम-सब···
अपने सामने भी दो दिशाएँ हैं
सब सीने के बीच से होकर निकल जाती हैं।

यह सब हवा की दौड़   फ़री · · ·
यह आज़ादी/
या उसका उल्टा यानी
बन्धन रुकावट नैसर्गिक का
एक अन्दरूनी होड़ —
दिशा · · · दिशा · · ·

— 2 —

! एइ   बा   बा   रोटी करे
एक परत्   फिर और परतें
जैसे चार परत का परौंठा हो
ऐसी चार परतें · · ·
बस

— 3 —

वो अगर अपने मक़ान की दिशा भी बताएगा तो
तो · · · मकान से अपने को हटाकर वो गुमसुम अपने मक़ान के अन्दर
दीवार से बाहर की ओर से अन्दर की दिशाओं में
घुसा चला जा रहा है जैसे कोहरे में किरनों का
'गहन'
वही वो है
क्योंकि सब से अपने को काट , अलग हटाकर फिर
अपने ही पीछे से घूमकर आगे आ गया फिर फिर ? फिर ?· · ·
जैसे वही उसका तआरूफ़ है
'जय'

— 3 —

जय

उसकी माँ
उसके मुँह से अपनी माँ का बयान — जैसे वो उसके लिए
अनिवार्य है — अनिवार्य

अख़लाक़ से तो वाक़िफ़ जहान हैगा
यह आपको ग़लत कुछ अब तक गुमान हैगा
(चन्दा हैद्राबादी)

यह वही चन्दा है जिस के
फाटक पर हाथी झूमा करते थे

कई सौ घुड़सवार
और
उसके दरबार से शायरों
· · · * इनाम इकराम मिलते थे
उसकी ज़बान अख़लाक़

एक होता है मक़ान — अपना मक़ान
अपना मक़ान जैसे अपना शरीर जिसके अन्दर हम रहते हैं
इस तरह जिस तरह शाइर के दिल में 'शेर' होता है
या कोई · · ·

नोट : इस कविता को दो लिपियों में लिखा है। आरम्भ देवनागरी से किया है तथा 'वो अगर अपने मक़ान · · ·' से शेष हिस्सा उर्दू में।

* यहाँ उर्दू लिपि में जो शब्द लिखा है, बहुत यत्न करने पर भी मालूम न हो सका।

लिपटी संगीत में सब चीजें और कैना के फूल

[एक रेडियो संगीत की स्मृति]

· · · लिपटी संगीत में सहज ही
सुन रही हैं
सब चीज़ें
उस्ताद विलायत ख़ाँ को :

· · · मधुर वर्षा
कितनी ही गर्तों में मानों कि एक साथ मिली हुईं
रमती हवाओं के कोमलतम नृत्य के साथ
आहिस्ता आहिस्ता झूमती हुई लगातार
· · · मज्जा भी है शरीर में प्राणि के ?
स्थूल भी है यह पृथ्वी
                    या कि भ्रम है ?
सत्य है केवल , एक मात्र
                    स्वर !
और सब · · ·।
· · ·
· · · मेरे मित्र , एक तरफ श्री · · ·
होस्ट, डॉक्टर · · ·
होस्टैस मिसेज़ · · ·
    कैना के फ्रेम में
    शाम के लाल गम्भीर में लिपटी
· · · उजले चमकते ग्लास - गुलदान में
गुलाब के बड़े-बड़े फूल

कश्मिरी अख़रोट की तिपाई पर
बीच में सजे हुए
[नीचे कालीन है मखमली काही बादामी]
··· कॉफ़ी का प्याला
मेरी ही गोद में, प्लेट में, धरा ···
सुन रहा है;
··· और कोने के कैना के ऊषा-प्रतीक
कोमल इतने स्थिर
                    मौन
सुन रहे हैं;
··· मैं
पलकों में नाद-मूर्त्त गति बाँधे
            काउच में डूबे
            जैसे कहीं बहुत
                        दूर से
            सुन रहा हूँ ···

            कैना, गुलाबी ब्लाउज़ें, कि
            लाल — —
            वासन्ती रेशम पे लाल ··· छींट;
            या ···
            साँस जैसे सुंदर गले की
            साकार
            किसी के सुंदर हृदय में
            या हँसती सहेलियाँ हों जैसे, कहीं
            पिकनिक में एक साथ बैठीं;

            या ···
            जैसे रंगीन तरानों की
            शायर के दिल में चुस्कियाँ ···

हौले-हौले

कैना के फूल
ये स्वगत
विभोर
क्या गुनगुना रहे हैं !

देर से
अपनी रंगीन
कोमल अलंकृत भाषा में
क्या गुनगुना रहे हैं ये ,
आह !

राष्ट्रवाणी, 1956

वह और वह और वह

गर्म हवा   खुश्की का दबाव बराबर (साँस
लेता हुआ)   मेरे सीने पर एक घेर हाँपता हुआ
उस धूप का अन्दाज़ जो मेरे दिमाग़ को शीशे की
नसों की जाल की तरह चमकाकर रचती है :
                        वहाँ

वह
    एक किश्मिशी सुबह के किनारे
        अपनी तलाश में हँस रही है

और वह
    अपनी अँगड़ाइयों में दिन को फूलों की मीठी
        झनकार की तरह जगा रही है :
गर्म गुदाज़ रेशमी साये बहुत लम्बे-लम्बे फूलों की तरह
        वक़्त के गुलदान में सरकाकर सजाते हुए

और वह
    एक उदास लम्बी पहाड़ी की दूरी की कोमलता
        और भयानक वीरानी और संगीत
    और झरनों के परदों के अन्दर एक ख़फ़ीफ़ नाच
        जो महज़ एक नींद है

और वह —   वह
    मेरी जान के एक लम्हे का लम्हा , नहीं उसका भी एक लम्हा

नहीं उस . . .

वो एक मुलायम ताज़ातरीन सुगंध
भोर के दूब के कुँआरे उनींदेपन की

वो — बस
मेरा परदेस
मेरी तटस्थता
का अर्थ
और उसकी ख़ामोश अर्थहीन कला

कहानी यहाँ खत्म नहीं होती

वह चाँद सँवलाकर
लहरों को लोरी देता
धीरे-धीरे
सुबह की ओर
जो मेरी पीठ की तरफ़ है

और वह तारा
नग्न नग्न
कितना अछूता था मेरी गोद में
जैसे पुतलियों का अबोध विस्मय
एक अबोध वासना का हठ
जो आज भी मेरी साँस का कोई
[हो ऽ म है कि निजी
हो ऽ म्]

मैं बहुत समय पीछे की एक टहनी पर बैठा हुआ हूँ
वैसा ही और
और वह और मैं   जन्मों को इसी तरह गति मिलती है

सा. हिंदुस्तान, 1971

नोट: इस कविता का एक अंश 'कहानी' शीर्षक कविता से कहीं छप चुका है। पर उसमें और उसी अंश के इसमें प्रकाशित रूप में भी अंतर है। यहाँ पर दोनों को ध्यान में रख कर संपादित रूप दिया है।

डायरी

लेखक (और लेखक ही क्यों)
— एक साँचा है , उस साँचे में आप फिट हो जाइए
— हर एक के पास एक साँचा है। राजनीतिज्ञ ,
प्रकाशक , · · · शिक्षा संस्थानों के
गुरु लोगों के पास। · · · यह लॉबी, वो लॉबी।
रूस के पीछे पीछे। नहीं अमरीका के।
नहीं चीन के। अजी नहीं , अपने घर के
बाबाजी के। इस झंडे के उस झंडे के।

· · · लाल , नहीं भगवा , नहीं , काला , नहीं
सफ़ेद · · · · · ·

लेखक एक बच्चा है
उसकी ऊँगली पकड़ो। अगर वह चल सकता है , तो।
नहीं तो वह साफ़ प्रसंग के बाहर है।
छोड़ो उसे ! कट हिम् !
हाँ ह ,   कोई लिफ्ट नहीं ! !

इसी तरह और भी जो बौद्धिक जीव हो
वैज्ञानिक , आविष्कर्ता , कलाकार,
मेधावी सच्चा धुनी , अपने
क्षेत्र में यकता। बस
कोई भी हो · · · यही
पॉलिसी है।

6.7.78

"—से "

राख़ रूझ वो रंगीन धुँधलका
मेरे हृदय के उस फोटो का
जिसमें तुम्हारा मुखड़ा है
अपनी पान की लालिमा से
शाम को एक पतली मधुरिमा बनाए.
अपने साँवले सलोनेपन से रात के कुँवारेपन को
और भी प्रगाढ़ किए
अपनी हँसी से कविता और संगीत पर
हाशिया डाले
— उनकी मीजान अपनी ही तरफ़ कुल झुकाए
ओ प्रेम के नाम की एक उन्मुक्त x x x
जिसमें आदर्श कौंदे जाते हैं
बदन से
निरावरण स्वर्गंगा जैसे
झिलमिल झिलमिल
— — यह मोतियों का हँसता तट है
— यह लहरों का आहें भरता अन्तहीन x x x
विगत युग-सा मेरा इतिहास x x x
प्रस्तुत के एक-एक फेन दर्पन में x x x
विलमता धोता हुआ
तेरे अस्पृश्य-से चरनों को x x x
एक अंतहीन भविष्य में

4.3.59

नोट : 'x x x' इस चिह्न से संकेत है कि शब्द कट गया है, कागज़ पुराना होने के कारण।

ग़ज़ल

चुपके से कोई कहता है : शाइर नहीं हूँ मैं।
क्यों अस्ल में हूँ वो जो बज़ाहिर नहीं हूँ मैं।

भटका हुआ-सा फिरता है दिल किस ख़याल में
क्या जादए-वफ़ा का मुसाफिर नहीं हूँ मैं?

क्या वसवसा है, पा के भी तुमको यक़ीं नहीं
मैं हूँ जहाँ वहीं भी तो आख़िर नहीं हूँ मैं।

सौ बार उम्र पाऊँ तो सौ बार जान दूँ
सदक़े हूँ अपनी मौत पे काफ़िर नहीं हूँ मैं।

1971

चार शेर

देख के अपनी बेक़सी किसलिए जी में हो ख़फ़ीफ़
मूनिस हमनवाँ मेरे बेहरो क़वाफ़ियो - रदीफ़

आज वो हो चुका जो था आपका आशिक़ नज़ार
दौरे - जहाँ से उठ गया हुस्न का परतव लतीफ़

देखना दर पे कौन अभी देता हुआ सदा गया
और् क़ाफिले-दर्द पर आपका दौलते-शरीफ़

भूल गए हम मगर कौलो-क़रार याद है
आह ज़माना भी है कुछ आप ही नहीं सितम-ज़रीफ़

1955

ग़ज़ल

भूला हुआ था आज तलक अपने घर को मैं
क्या जाने चल दिया था कहाँ के सफ़र को मैं।

तुम मुस्कुरा रहे थे मुझे देख-देखकर
अपनी समझ रहा था हरेक की नज़र को मैं।

ऐसे भी मोड़ आए हैं चुपचाप बार-बार
तकता था राहबर मुझे और राहबर को मैं।

'शमशेर' और कुछ नहीं दुनिया-जहान में
इक दिल है , ढूँढता हूँ , उसी बेख़बर को मैं।

ग़ज़ल

कहता है बाज़ुओं का ज़ोर , सारे जहाँ को तोलकर
मालिके-दो जहाँ ! इधर देखके मेरा मोल कर।

आज भी हैं वो मनचले , आज भी हैं वो सिरफिरे ,
तीरो-सनाँ की बाढ़ पर चलते थे सीना खोलकर !

इसमें तो आग है बहुत , इसका तो ख़ून गर्म है —
बोले वो रखके दिल पे हाथ , और जिगर टटोलकर।

बातों में अपने रंग ला , लहज़े को शोख़तर बना
शर्तों को लोचदार रख , वादों को गोलमोल कर !!

तर्ज़े-अदा इशारा हो , अब य नहीं तरीक़े-फ़न
राज़ की बात भी कहो , 'शम्स' तो साफ़ खोलकर !

'नया पथ' में प्रकाशित

नींद के मेरे सहकारी हैं आप

नींद के मेरे सहकारी हैं आप
यह दफ्तर गिरा आ रहा है
पलकों पर
छाती पर बोझ है मेज़ , हालाँकि
ख़ाली हैं उसकी दराजें, सिर्फ ···
एक पेपरवेट है और निबें
और
वेस्ट पेपर बास्केट में   मैं हूँ।

मज़े में तो हैं आप ?
मैं तो अब छुट्टी पर जा रहा हूँ
चाय का भी वक़्त है।
सँभालिए
दफ्तर।

गुडबाई गुडबाई नमस्कार नमस्कार
माई डियर असिस्टैंट !

[मेरी एक लम्बी जुम्हायी में
ख़त्म हो तुम आज
रास्ता
ख़त्म है
घर तक

नाईस सिक लीव !]

यह काम नहीं है

[रुबाई]

यह काम नहीं है कामचोरी है महज़
— जीना य नहीं हरामखोरी है महज़
कैसा दिल , क्या दिमाग़ था तुमको मिला !
बस , बस , चुप रह , बकवास कोरी है महज़ !

हम नये इतिहास का पहला वरक़ हैं खुला

हम नये इतिहास का पहला वरक़ हैं खुला !

नये मूल्यों का प्रकाश
आज
नये प्रात:काल में , हम , कई देश ,
कई संस्कृतियाँ , कई इतिहास ,
एक हो रहे हैं :
एक
नया अंत:करण
जिसमें
नया प्राण-पुष्प
खिल रहा है !

नया मानव अरुणमुख है
प्रथम वेला शांति के दिग्विजय की है !

1947

शाम होते ही

शाम होते ही
                एक साये की तरह
ख़त्म हो जाऊँगा मैं।
मौन खो जाऊँगा मैं
                एक हाय की तरह।

                साफ़ दिखता है

समय का सीना
मेरी काँखों में
और जीने से
मेरी आँखों में
हृदय दुखता है।

                मृत्यु से भारी

मौन पलकों पर

नींद का आभार

— आज आए तू
शांति बनकर , आह !

वह नन्हीं-सी गुलाबी सुबह

[एक मित्र के दिवंगत शिशु की याद में]

एकाएक फिर याद दिला दी नरूदा ने
क़सीदे में डूबा हुआ वह मर्सिया गाकर
उस नन्हीं-सी गुलाबी सुबह की ,
उस शर्मिली पहली किरन की ,
जिसे मैंने गोद में भी गुदगुदाया था ,
मुश्किल से तीन-चार बरस हुए।
वह लाल नींद शहद चंदा , अम्मा का दिल , सब एक-सा
समय के पार से झाँकती उस काली एक आँख को
भा गया
जिसके घर धुँधले कोहरिले गद्दों में
काले-काले गुलाब भरे हुए हैं
जाकर वहीं चुपचाप सो गया सहसा ही
अनायास अनगिन तारों का अपना हो गया वह
हाय , क्यों ?

ओह मानव !
बिखरती पत्तियों के धूल धूएँ-भरे ज़र्रों की धार में
गड़ · · · समय की पत्तियों में सड्सड् · · ·
और · · ·

— नहीं !
देखो , कैसा शांत पृथिवी का अन्तर है और
हवा के सात लाख तार कैसे मौन !

उदास आग , चूल्हे में , अंतरिक्ष में जैसे हँस रही है
केवल
एकमात्र शायद

मैं ही हूँ
शब्द में रमा
मोह
उदास कवि की विडम्बना ,   आह !

भाई , सत्य ही गति है
हम   असित-तम हैं   पराजित
असित तम हैं   पराजित

ओ किरन ,   तू ———
ओ अनंत लम्बी , नन्हीं-सी घड़ी, तू —
ओ , अथाह गहरी नन्हीं-सी तड़प , तू
आज भी खेल रही है ,   उसी प्रकार
उसी प्रकार !

26.12.54
(अंतिम रूप 11.1.55, रोहतक)

स्व. जगदीशचन्द्र माथुर के प्रति

गया जिसको जाना था —, गया
वह तो गया !
— —- मगर उसको ऐसी भी
जल्दी थी क्या ! ?

अभी तो यहीं हँस रहा था खड़ा , —
अभी देखते-देखते चल दिया ! !

य' इन्सान की ज़िन्दगी भी है क्या !
फ़कत दिल की धड़कन का इक सिलसिला
हमारे इक-इक साँस का फ़ासला
इक-इक साँस के फासले की हवा
हवा में हवा के सिवा कुछ नहीं !

(2)

देखो न ,
उसकी
स्वच्छ उजले दाँतों को झलकाती चौड़ी हँसी
अभी-अभी यहीं तो थी
वही जिज्ञासा भरी मुस्कान से
कुछ अधिक ही , वह जिसमें
उसका आर-पार दिखता व्यक्तित्व सामने था
वही तो !

औसत से कुछ कम ऊँचा क़द — पर
वो औसत से कहीं अधिक बड़ी
उबली पड़ती-सी तो नहीं , मगर
बड़ी जिज्ञासु
भरी-जिज्ञासु — बड़ी
गम्भीर भावों में डूबी — सुसंस्कृत, वही
मधुर ज्ञान से माती · · · उसकी आँखें :
जो अपने अटकते मौन में ही क्षण-स्थिर
कभी-कभी सब कुछ कह जाती ; कभी-कभी

अपना मिला-जुला पुराना इतिहास भी
झलका जातीं छलका जातीं ,
जब भी पुरानी यादें हठात्
'आँखों में आँखें डाल', स्पष्ट बोलने लगतीं।

वही न तुम , जगदीशचन्द्र
लिये हुए एक बृहत्तर भारतीयता —
अपनी आत्मा में एक उच्चतर भारतीय
चरित्र की खोज : लोक मन की
रमणीय कला के
लोकनृत्य - मंच पर : एक खोज
लिए हुए अजब-सी 'आधुनिक'
शुद्ध शास्त्रीयता अपनी आत्मा में · · · ?
वही न तुम ,
आदर्श पिता के आदर्श पुत्र वो
कुशल प्रशासक के भीतर
कुशल कलाभिभावक , सहृदय मित्र , एक
मूल्यवान सामाजिक ,
चरित्रों के संयोजक , चित्रकार , तुम , अरे भई जगदीश

वही न तुम
रामकथा को पूर्व से ही अपनी आत्मा में मंचित
किए हुए
एक बृहत्तर भारतीय आत्मीयता —
महत्तर भारतीय चरित्र की खोज में
लीन ,
तुम यों ही अचानक चले गए , भाई
जगदीशचन्द्र , तुम कितने दिनों बाद तो मिले थे ,
कितने दिनों बाद !
कब-कहाँ मिलना होगा — फिर ?
बोलो !
—— ‘ ’
बस ऐसे ही फिर कहीं मिल लेंगे ! —

1.12.78, पश्यन्ती

वगर्ना, तू भुवनेश्वर प्रसाद क्या कुछ था

[एक क़िता]

जगह-जगह तेरी बातें थीं, तेरे चर्चे थे ;
ज़माना क्या वो हमको नहीं याद, क्या कुछ था ?
जो 'कारवाँ' से उठी थी सदाए-बागें-जरस,
उसी पे चलता अगर बादाबाद · · · क्या कुछ था ! !
लिखी थी नज़्म तो अंग्रेज़ी में — मग़र क्या ख़ूब !
जो और बढ़ता ये हिन्दी नज़ाद, क्या कुछ था ! !
तबाह कर दिया तुझको शराबखोरी ने
वगर्ना, तू भुवनेश्वर प्रसाद, क्या कुछ था !

मैं था अभी

(1)

मैं था अभी — पाया गया :
उजला अँधेरे में आया , मैं।
आँखों की चपेट कड़ी थी ;
(जीवन लड़खड़ा गया था।)

(2)

पीछे — बैठने का स्थान रिक्त है। · ·
सूने में कान बजते रहते थे ,
आगत के झरनों के बाजे-से !

(3)

सब बिल्कुल ठीक था तब !

(4)

पाँवों की ऊँगलियों के बीच जो
साँप-गोजर के बच्चे पले हुए हैं , वह
मेरे ही जगाए हुए हैं।

(5)

योग का बल मेरे पिता का यौवन
और एक अनन्त का सौन्दर्य मेरी मा —
मेरी मा की एक मुस्कान।

(6)

उनका स्वप्न   मैं
मैं।

(7)

वह , दैवी दिव्य गहन कुंड
ऊर्ध्व को तकता दूर तक।
निज में —
आकाश को बनाकर अगम तम कुंड।
अतल से एक आलोक स्तम्भ , छिपकर
पहुँचता ऊपर।

1938-39

एक दुस्तर आध्यात्मिक प्रयास

चीर कर मकर का मुख · · ·
या जैसे सर्पलिपटा लालचन्दन छतनार
मुस्कराता हो , डराने के बजाय निरीह · · ·
चीर उसे ;

दी र्घ   आ का श · · · प्रात-भरा
        गहन श्याम संध्या से लिपटा-लदा हुआ भी
पृथ्वी पर विशाल मौन एट्लस-सा
        जाने कब से खड़ा हुआ यों ही !
— चीर उसे ;

(ओ
आँधियो , बिम्ब-धूम ,
तुम केवल दृष्टि-दोष , जानता हूँ !

असंख्य
आँखें रतनारी धरती में
        लीन , लम्बी शयन पलकों ।
और मैं   मिट्टी हुआ खनिज की :

ओ ध्रुव , ओ धूम नक्षत्रों की , ओह ,
बहुत दूर हूँ तुमसे , बहुत दूर
प्राण हों जैसे अपनी मृत्यु से ।)

अगम भाव
स्वयं उदधि ;   स्वयं नाव :
ना ना गतियों पार , जाने किस परम्
        आत्मा का अद्‌भुत बहाव
                लिये — —

चीर सु षु म् ना की कमर
        आदि ब्रह्म   तल में
पकड़ वही   बिंदु
                जहाँ नाभि-नभ   नभ-नाभि
                                नाल —
                                तल-बिन्दु :

मैं 'स्थित'

ओ अशेष   !

सब ही जाएगा

— सब ही जाएगा।
सोच-सोचकर जोड़-जोड़कर , मन क्या पाएगा ?
सब अपना कल सपना होगा ज्यों रेते की धूल ;
झंझा हिला जाएगी जीवन के सब विटप समूल ;
पीतम की रतनारी आँखें , तिय का नीलम हास
होंगी फूटी कौड़ी ख़ाली , फटे बाँस की साँस ;
महल-अटारी बाग़-बग़ीचे रौनक के दरबार ,
हवा हुए पर ; — काल हँसेगा , रोयेंगे मिल स्यार।
किसका सुख , किसका दुःख तुझको , मन के अंधे मोह !
लकुटि थाम प्रखर धारा में , वृथा भार मत ढोह ,
कि सब ही जाएगा।

'आर्टिस्ट'

[सोमा]

प्रातः काल
एक दूसरे को सह्लाद
मिला मुखों का मंगल भाव।
जगा मोहल्ले का कोलाहल :
कितने स्वर हैं — चतुर चाकरों के, रस्ते चलतों के,
बच्चों के बूढ़ों के
कवौं के कुल के, सब विविध प्रकार!

अलग-अलग मिल-मिलकर
नर-नारी आबाल
रोए, गाए, हँसे और चिल्लाए
प्रातः काल

दिन-भर के जीवन की ओर बढ़े लेकर उत्साह,
जतन किए दिन-भर के अपने मन में।
कुछ हृदयों में सूखी चाह — होगी, फिर भी
कुछ ओठों पर आह;
बहुतों के अवयव में किसी प्रकार निबाह।
इन्हीं सबों के बीच गयी है मेरी भी तो राह
मन में शाश्वत मौन लिये हूँ, किसी मित्र की छवि का
उसके कोमल तन का मृगजल हास, केवल
करुणा विलास, या, सपनों का,
तो क्या? —

प्रातः काल
मैं भी तो बैठा हुआ अकेला ;
स्याही की , रंगों की , कागज़ की , कलमों की
दूकान यह मामूली फैलाकर
फैलाकर यह मामूली दूकान।

किसकी मुस्कानों में जलकर

किसकी मुस्कानों में जलकर
बल कर बादल-सा मिटता है?
तू किसके पथ की रज-सुषमा
पाने आज भटकता-सा है?
तू अनन्त एकाकी,
केवल सत्य यही है।
छाया छाया छाया शेष
यह सब जो कुछ भी है।

x x

अपनेपन की धाराओं में
डूब अकेला, डूब अकेला;
तुझको बहका ले जाएगा
यह तटनी के तट का मेला।

भजन

हरि मोरी आड़ , हरि हि मोरी आड़ ।
हरि मोरी झाँकी , हरि हि केंवाड़ ॥

हरि जमुना-मन्थन मोरे , हरि ही
थाम्हे दुःख के पहाड़ ॥

हरि सँग ज्ञान-ध्यान मोहे मधुऋतु
हरि बिन सकल उजाड़ ॥

मज्जा भेद बसे हरि - अन्तर
हरि सम्बल मोरे हाड़ ॥

जग-बाड़व में जनम-जनम लौं
झोंक्यौ कितने भाड़ —

तब आयो समसेरु मुकति को
परलौ मास असाढ़ ॥

हरि मोरि आड़ , हरि ही मोरि आड़ ॥

1953 से 1958 के बीच, कभी

विसर्जित एक दीया

सर्वोच्च लहर
                    आकाशगंगा में
आकाशगंगा में
          विसर्जित
एक   दीया*

13 जून 1992, गाँधीनगर

• • •

* शमशेरजी अंत तक तय नहीं कर पाए थे कि 'मेरा एक दीया' रखा जाए या केवल 'एक दीया'। यह शमशेरजी की स्वहस्ताक्षरों में अंतिम शब्दांकित कविता है।